तेरे मेरे एहसास...

यूँ तो कहते हो कि अच्छा
लिखते हो ,
अरे , क्या बताएं तुम्हें ,
हम तो बस अपने जज़्बात
लिखते हैं।

https://www.facebook.com/teremereehsaas
https://www.facebook.com/31.rohit/
https://www.instagram.com/rohit.31/

तेरे मेरे एहसास

♥♥♥

प्राक्कथन

हर किसी की ज़िन्दगी में कभी न कभी एक ऐसा वक़्त आता है जब ज़िन्दगी में किसी एक खास के लिए दिलचस्पी और अहमियत बढ़ जाती है। उस शख्स से बातें करना अच्छा लगता है , उसको देखना अच्छा लगता है , उस से उम्मीद बन जाती है। उसके आस पास रहना अच्छा लगता है । हर वक़्त उसके लिए हाज़िर रहने को मन करता है। दिल कहता है उसके लिए बस यही सही है। उसके सिवा न कुछ दिखाई देता है न कुछ सुनाई देता है , हर वक़्त ध्यान उसी में रहता है , उसी का हर पल ख़्याल रहता है।

लेकिन कहानी यहाँ शुरू नहीं होती। कहानी तब शुरू होती है जब उम्मीद टूटने लगती है। जो दिल लगाया था अब वो टूट रहा है , कोई पास आकर छूट रहा है । फिर दिल का टूटना जुड़ना लगा रहता है। समझ नहीं आता के ज़िन्दगी में क्या चल रहा है। उसका होकर भी दिल उसका होता नहीं , एक पल लगता है छोड़ दूँ उसे अगले पल लगता है उसके सिवा कुछ नहीं मेरा।

फिर शुरू हो जाता है सिलसिला अकेलेपन का। ख़्याल आते हैं कि मैंने प्यार किया ही क्यों, उसे अपना बनाया ही क्यों, दिल उसका हुआ ही क्यों। एक बार उसका बात करके फिर अनदेखा कर देना, दिल को चुभने लगता है। लेकिन दिल फिर भी कहाँ मानता है क्यूंकि उस से प्यार जो करता है। दिल फिर भी उसी का होना चाहता है।

इस किताब में ऐसे ही कुछ ख़्यालों और सवालों को खूबसूरत लफ़्ज़ों में शायरी स्वरुप में बयान किया है। ये ख़्याल सबके है। हर कोई इनसे गुज़रा है या गुज़र रहा है। आईये ज़रा देखिये क्या आपने भी क्या इन्हें महसूस किया है।

--रोहित--

इतनी तो ज़िन्दगी ज़रूरी
नहीं मेरे लिए ,
जितने ज़रूरी तुम हो ,
इतनी तो सांसें करीब नहीं
दिल के मेरे ,
जितने करीब तुम हो।

प्यार एक एहसास.....

शुरुआत होती है ख़्यालों से। जब मन में बहुत से ख़्याल आते हैं। कोई जब अकेला होता है और उसके आस पास देखता है के कोई न कोई किसी के प्यार में है , किसी के साथ है , तब उसके मन में भी ये एहसास आते हैं कि कोई उसके साथ भी होता, किसी को उस से भी प्यार होता। फिर जब कोई उसे मिल जाता है तब शुरू होते हैं प्यार के एहसास।

ऐ ख़ुदा कब होगी तेरी रहमत ,
कब होगी पूरी मेरे दिल की हसरत ,
कर रहा हूँ इंतज़ार कब से मैं ,
कब मिलेगी मुझे मेरी मोहब्बत ।

♥♥♥

तन्हा हूँ मैं ,
हमदर्द चाहिए ,
उदास है दिल ,
हँसाने वाला चाहिए ,
अकेला हूँ राही , जाना है दूर ,
हमसफ़र चाहिए ,
बहुत मुश्किल है अकेले जीना ज़िन्दगी,
ज़िन्दगी जीने के लिए ,
एक खूबसूरत साथ चाहिए।

इंतज़ार है हमें आज भी

उस शख्स का ,

जो कहे ये हमसे ,

कि तेरी ख़ुशी से मेरे चेहरे पर हंसी है ,

तुझे चाहना इबादत मेरी है ,

जो तू नहीं तो मैं भी नहीं ,

तेरी साँसों से ही तो मेरी ज़िन्दगी है।

♥♥♥

ख़्वाबों ख़्यालों में दिखती परछाई
है उसकी ,
छुप के रहती है मुझसे ,
न जाने क्या बात है ,
क्यों ढूंढता है दिल उसे ,
कभी सामने आये तो पता चले ,
ऐसी भी क्या ख़ूबी है उसमें।

♥♥♥

एक हमसफर की तलाश है ,
जो ढूंढ ले मुझको मुझमें से ,
ऐसा कोई हो मेरा ,
मेरा भी ये ख़्वाब है ,
यूँ तो अकेला नहीं मैं ,
हिस्सा हूँ इस भीड़ का ,
सब के साथ होने के बाद भी ,
इस दिल को अकेले होने
का एहसास है।

गज़ब की बात है ,

हादसा बन गयी

उनसे की एक मुलाकात है ,

दिन को चैन नहीं ,

न ही रातों को करार है ,

हर पल हर लम्हा ,

उनसे फिर से मिलने का इंतज़ार है।

♥♥♥

यूँ न मिला करो हमसे ,
कहीं दिल बेकरार न हो जाए ,
तेरी आदत सी होती जा रही
है हमको ,
कहीं तुझसे प्यार न हो जाए।

जब से मैं तेरे करीब आने लगा हूँ ,
मैं तेरा होने लगा हूँ ,
बहुत करता हूँ कोशिश
के संभल जाऊँ ,
पर न चाह कर भी ,
तुझसे दिल लगाने लगा हूँ ,
तेरा अंदाज़ ,
तेरी बातें ,
तेरी शरारतें ,
मैं 'रोहित' तेरी हर अदा का
दीवाना होने लगा हूँ।

कभी भी किसी का यूँ
किसी मोड़ पर मिल जाना ,
इत्तेफ़ाक़ नहीं होता ,
एक राज़ छुपा होता है
ऐसी मुलाकात में ,
ऐसा शख्स कभी अनजान नहीं होता ,
कुछ तो बात होती है ,
उनसे की गयी बात में।

♥♥♥

दिन गुज़रता नहीं ,
शामें ढलती नहीं ,
इन आँखों को किसी के
दीदार की प्यास है ,
दिल लगता नहीं ,
मन भी टिकता नहीं ,
शायद ये किसी की
मोहब्ब्त का एहसास है।

♥♥♥

ज़िन्दगी से बस एक शिकायत है ,
कि मेरी ज़िन्दगी में ,
तू क्यों नहीं शामिल है।

♥♥♥

हर शाम तेरा ख़्याल रहता है ,
हर रात तेरा ही ख़्वाब रहता है ,
हर पल तुझसे ही प्यार रहता है ,
कब हासिल कर सकूंगा तुम्हें मैं ,
ज़िन्दगी से हमेशा यही
सवाल रहता है।

♥♥♥

जब भी तुम्हें सामने पाए ,
तुझसे मिलने को बेकरार रहता है ,
तेरे बिना इतना बेचैन है ये दिल ,
इसे हर पल तेरा ही इंतज़ार रहता है ,
कहना बहुत कुछ चाहता है तुझे ,
पर कहने से डरता भी है ,
कहीं खो न दे तुझे हमेशा के लिए ,
इसलिए ये कहता नहीं कुछ ,
मुस्कुराता है ,
और ख़ामोश रहता है।

♥♥♥

जितना ख़ुद को तुझसे
अनजान रखता हूँ ,
उतना ही मैं तेरे करीब आता हूँ ,
न चाह कर भी हर पल
तेरा ख़्याल आता है ,
एक पल भी तुझे भूल न पाता हूँ ,
यूँ तो ज़िन्दगी में कोई ख़ुशी नहीं ,
पर जब भी तेरी याद आती है ,
हर उस पल में मैं मुस्कुराता हूँ।

जितना तुम्हें समझ लेता हूँ ,
उतना और जानने की बेचैनी होती है ,
जब तुम कुछ बोलती नहीं ,
तुम्हारी आँखें दिल की बात कहती है ,
एक अजब सा रहस्य है
तुम्हारी शख्सियत का ,
हर बार पहले से ज़्यादा ,
तुम्हें पाने की एक आरज़ू रहती है।

तेरी एक झलक के दीवाने हो गए ,
जब से देखा तुझको
हम मस्ताने हो गए ,
बार बार दिल करता है
तुम्हें तकता जाऊं ,
एक पल भी जो न देखूं तुम्हें ,
तो लगता है देखे ज़माने हो गए।

दिल धड़क जाता है
तेरी हलकी सी एक आहट से ,
खींच रही हो मुझे अपनी ओर ,
न जाने ,
कैसी ये कशिश है ,
तेरी हर एक मुस्कुराहट में।

♥♥♥

उस हसीन ने कैसा ये सितम किया ,
आँखों में आँखें डाल शरारत की ,
फिर लफ़्ज़ों से हाल दिल का
बेहाल किया ,
धीरे धीरे बेचैनी को मेरी वो बढ़ाते रहे ,
गुफ्तगू बड़े प्यार से की ,
पर मोहब्बत का इज़हार न किया ,
हमने जब पूछा उनसे ,
तब वो बोले कुछ नहीं ,
बस मुस्कुरा कर चल दिए ,
लेकिन कोई जवाब न दिया।

♥♥♥

बात दिल में जो है
ज़ुबान पर लाया करो ,
मन के ख़्यालों को
अल्फ़ाज़ों से सजाया करो ,
अधूरी रह जाती हैं
अक्सर बातें खामोशियों की ,
कभी तो नज़रों से नज़रें मिला कर
बातें प्यार की बताया करो।

♥♥♥

है प्यार हमसे तो बोल दो ,
कहीं देर न हो जाए ,
कहीं तुम्हारे कहने से पहले ,
हम किसी और के न हो जाए।

♥♥♥

तू साथ नहीं
बस तेरा एहसास साथ है ,
तुझे कहनी मैंने
दिल की एक बात है ,
हर बार रुक जाती है
बात ज़ुबान पर आकर ,
तेरे ख़्यालों में ही कटती
मेरी हर एक तन्हा रात है।

मेरी कोई दुआ ऐसी नहीं ,
जिसमें मैं तेरी फरियाद नहीं करता ,
मेरा कोई लम्हा ऐसा नहीं ,
जिसमें मैं तुम्हें याद नहीं करता।

♥♥♥

हर शाम तेरा इंतज़ार रहता है ,
हर बात में तेरा ही ज़िक्र रहता है ,
तुझे पाने को तरसते हैं इस कदर ,
जैसे प्यासी ज़मीन को बरसात
का इंतज़ार रहता है।

♥♥♥

मैं सजदा करूँ तो दिखती हो तुम ,
मेरी इबादत में भी हो सिर्फ तुम ,
कैसा ये असर है तुम्हारा ,
सोते , जागते ,
मेरे ख़्वाबों ख़्यालो में हो ,
तुम, सिर्फ तुम।

♥♥♥

कभी तुझे सोचता हूँ ,
कभी तुझे लिखता हूँ ,
बस अभी तक ये नहीं जाना ,
ख़्वाब कोई मेरा है ,
या हकीकत है तू।

♥♥♥

बस इतना ही तुमसे है कहना ,
मुश्किल है अब तेरे बिन रहना ,
तू ही ज़िन्दगी है मेरी ,
ये दर्द जुदाई का अब और नहीं सहना।

हर वक़्त ,
हर घड़ी ,
मुझे तेरा इंतज़ार रहता है ,
कभी भी ,
कहीं भी हूँ मैं ,
बस तेरा ही ख़्याल रहता है।

♥♥♥

ज़िद कुछ यूँ कर ली हमने ,
हर सांस तेरे नाम कर दी हमने ,
कुछ ख़बर नहीं रहती अब खुद की ,
ऐसी बेइन्तेहाँ
तुझसे मोहब्बत कर ली हमने।

♥♥♥

कितनी बेरंग है ये दुनिया ,
तेरे बिना ,
खाली खाली सी लगे ये ज़िन्दगी ,
तेरे बिना ,
तू ख़ुशी , तू हंसी ,
तू मुस्कुराहट , तू ज़िन्दगी मेरी ,
मैं अधूरा , मैं कुछ नहीं ,
मैं मैं नहीं ,
तेरे बिना।

मेरी तन्हाई में ,
मेरी ख़ामोशी में तू ,
तू ही मेरी ज़िन्दगी ,
मेरी दुनिया है तू ,
मरना तेरे लिए ,
जीने की वजह है तू।

तड़पा कर इश्क़ जताने का
मज़ा ही कुछ और होता है ,
इश्क़ में लिपटी हो रूह ,
तो ज़िन्दगी जीने का
नशा ही कुछ और होता है।

♥♥♥

क़ैद कर लूंगा उन लम्हों को ,
जो हमने साथ बिताये ,
और जिस पल तू साथ न हो ,
ऐसा ज़िन्दगी में कोई पल न आए।

♥♥♥

कितनी ख़ूबसूरत हो तुम ,
तुम्हें ये एहसास नहीं है ,
कर दूँ मैं जिनमें ये बयान ,
मेरे पास वो अल्फ़ाज़ नहीं हैं।

♥♥♥

तुझे चाहने के लिए दीदार तेरा
जरुरी नहीं ,
दिल में बसी तस्वीर है तेरी ,
तुझसे इश्क़ करता हूँ ,
और करता नहीं कुछ ,
क्यूंकि यही इबादत है मेरी ,
ख़ुशी होती है जब जुड़ता है
नाम मेरा तेरे नाम से ,
ज़िक्र हो तेरा जो महफ़िल में ,
नज़रे झुक जाती है मेरी।

♥♥♥

हक़ है तुझे मुझसे
नफ़रत करने का भी ,
मैंने तुमसे मोहब्बत की है,
तो शिकवा भी क्या करूँ।

फिर तकरार.......

प्यार के एहसास बिखरने लगते हैं , जब अपने दूर होने लगते हैं। अभी तो इकरार हुए ज़्यादा वक़्त नहीं बीता होता कि तकरार शुरू हो जाती है। बात न करना , समय न देना , अनदेखा करना , यही वो बातें हैं जिनकी वजह से रिश्ते बिगड़ने शुरू होते हैं। फिर एक बवंडर उठता है ख़्यालों में। कभी लगता बेगाना कभी लगता अपना है। कभी मन कहता है उसे छोड़ दूँ , कभी लगता है के सिर्फ वही मेरा है।

♥♥♥

ज़्यादा कुछ नहीं मांगता तुमसे ,
बस ख़ुद से जुदा मत कर देना ,
निभाओगे सारे वादे जो किये ,
ये वादा कर देना।

गुलाब के साथ कांटे भी
हाथ में थमा गया ,
ये इश्क़ नहीं आसान ,
एक मीठा सा दर्द मिलेगा
मोहब्बत में ,
जाते जाते ये भी बता गया।

हम जागते रहे रात भर याद में उनकी ,
वो नींद की आगोश में थे ,
हम गुम थे उनकी मोहब्बत में ,
और वो बेपरवाह अपनी ही मौज में थे।

न जाने ये कैसा तेरा दिल है ,
एक पल भी ख़्याल नहीं आता तुम्हें मेरा ,
और कहते हो तुम्हें हमसे इश्क़ है।

यूँ तो वक़्त बेवक़्त
याद किया करते थे तुम ,
आज जब हमें तुम्हारी ज़रूरत है ,
तो तुम्हारे पास वक़्त ही नहीं।

♥♥♥

तुझे हो न हो चाहे ,
मुझे हर पल तेरा ख़्याल रहेगा ,
जब होगा तेंरे पास वक़्त मेंरे लिए ,
मुझे उस वक़्त का इंतज़ार रहेगा।

♥♥♥

बेरुखी तो देखो महबूब की ,
वो रूठा सौ बार ,
हमने मना लिया ,
मैं रूठा एक बार ,
वो अलविदा कह के चल दिया।

बहुत नसीबों से हासिल हुई थी
बेशकीमती सौगात ,
अपनी एक गलती से गवा बैठे ,
अक्सर लुटाते हैं लोग धन दौलत
मोहब्बत-ए-इश्क़ में ,
कुछ ऐसे नादान इश्कबाज़ ,
हम ख़ुद को ही लुटा बैठे।

♥♥♥

हमारा तुम्हारा मिलना
एक इत्तेफ़ाक़ था ,
मिल के बिछड़ जाना भी
एक इत्तेफ़ाक़ था ,
ये दिल का रिश्ता ही था ,
मिल गए फिर से उन्हीं राहों पर ,
ये तो तेरे मेरे इश्क़ का कमाल था।

♥♥♥

बस वक़्त बदला है ,
अंदाज़ नहीं ,
अंदाज़ आज भी वही है ,
मैं भी वही हूँ ,
और तुम भी वही हो ,
और ये हसीन शाम भी वही है ,
पर वो बात जो पहले थी ,
इस मुलाकात में ,
अब वो बात नहीं है।

♥♥♥

आज फिर वही हुआ ,
उसने उसके साथ फिर वही किया ,
फिर से उसने उसका दिल दुखाया ,
पर देखो ,
मुझे फर्क नहीं पड़ता ,
उसने फिर झूठ बोल दिया।

♥♥♥

नज़रंदाज़ करते रहे उनकी
जिन हरकतों को
उनका बचपना समझ कर ,
अंदाजा न था की सब
सोची समझी साज़िशें थी।

♥♥♥

मुद्दत बाद उन्होंने हाल पूछा जनाब ,
पर देखिये ,
जवाब का इंतज़ार भी न किया ,
खैर ,
हाल पूछा तो सही।

जिस चेहरे को देखे बिना
आपको नींद नहीं आती थी ,
आज उस चेहरे पर
आपकी नज़र नहीं टिकती ,
ऐसी भी क्या ग़लती हो गयी हमसे ,
जो हमारी कोई भी बात
आपको अच्छी नहीं लगती।

♥♥♥

नज़रें ये मेरी बस तुझे ढूंढे ,
चेहरे पर तेरे नूर ये बरसे ,
तुझे देख हो सुबह मेरी ,
तेरे दीदार से मेरी शाम ये ढले ,
दिल ये मेरा तेरी आहट से धड़के ,
खुशबू ये तेरी मेरी साँसों में महके ,
तेरे पास रहूं तो चैन है दिल को ,
तुझसे दूर होकर मेरी रूह ये तड़पे।

♥♥♥

ज़िन्दगी में हर वो ख़ुशी कम होती है ,
जिस ख़ुशी में किसी की कमी होती है ,
तेरे बिना मेरी ज़िन्दगी कुछ वैसी ही है ,
मेरी ज़िन्दगी के हर हिस्से में
कुछ कमी सी है ,
छायी हर मौसम में एक नमी सी है ,
मेरी ज़िन्दगी के हर पल को ,
तेरी ज़रूरत सी है।

♥♥♥

कहते हो हमसे प्यार करते हो ,
लेकिन ,
ढंग से कभी बात भी न करते हो ,
कहते कभी भूल न पाओगे मुझे ,
लेकिन ,
कभी याद भी न करते हो ,
क़ैद भी नहीं किया
और न आज़ाद करते हो ,
समझ नहीं आता
तुम ये कैसा प्यार करते हो।

♥♥♥

हम जो भी करते हैं ,
पूरी शिद्दत से करते हैं ,
चाहे वो प्यार हो ,
चाहे हो नफरत ,
प्यार तुम मेरा देख चुकी हो ,
नफरत का मौका मत देना ,
तुमसे सहा नहीं जायेगा।

किस कदर रूठे हैं हम तुमसे ,
ये तुम्हें एहसास नहीं है ,
क्या की है तुमने खता ,
ये तुम्हें एहसास नहीं है ,
यूँ तो लगता है तुम्हें ,
के हम तुम्हारे पास हैं ,
पर पास होकर भी ,
तुमसे कितने हैं दूर ,
ये तुम्हें एहसास नहीं है ,
ये तुम्हें एहसास नहीं है।

आज फिर लिखने को मजबूर हो गया,
सितम करना ज़माने का
दस्तूर हो गया,
ताने मारते हैं लोग मुझे
तेरा नाम ले कर,
तुझे चाहना ही मेरा कसूर हो गया।

जब की थी मोहब्बत
तो ये सोचा न था ,
इस तरह होगी बदनाम ,
ये सोचा न था ,
दिल खोया , होश खोया इश्क़ में ,
तेरे इश्क़ में खो बैठेंगे ख़ुद को ,
ये कभी सोचा न था।

अब तो दिन भी खाली है ,
और रातें भी काली हैं ,
तन्हा रातें काटना मुश्किल है ,
क्यूंकि हसीन रातों ने
जागने की आदत डाली है।

♥♥♥

हमें लगा वो हमदर्द हैं हमारे ,
पर वो हमदर्द बन कर ,
दिल का दर्द बढ़ाते रहे।

♥♥♥

तन्हाईओं का एहसास भी
अक्सर वही करवाते हैं ,
जो दिल के सबसे करीब होते हैं ,
हर किसी को
मुक्कमल इश्क़ मिले यहां ,
ऐसे कहां सबके नसीब होते हैं।

♥♥♥

ख़्याल यूँ छुपाया नहीं करते ,
मन की बात को यूँ दबाया नहीं करते ,
अक्सर छूट जाते हैं साथ
ऐसी ही कशमकश में ,
जो बयान न कर सको
एहसास लफ़्ज़ों में ,
तो इस तरह दिल
किसी से लगाया नहीं करते।

ज़िन्दगी कुछ यूँ गुज़र रही है ,
जैसे बिन पानी के मछली तड़प रही है ,
किनारे पर तो हैं हम ,
लेकिन हाथ में कुछ नहीं है ,
ज़िन्दगी जी नहीं रहे ,
ज़िन्दगी बस कट रही है ,
सब कुछ है भी ज़िन्दगी में ,
पर तेरे बिना वो सुकून नहीं है।

हर बार ज़रूरी नहीं
के पहल हम ही करें ,
कभी तुम भी करो ,
हर बार ज़रूरी नहीं
के तुम्हारा ख़्याल हम ही करें ,
कभी तुम भी करो ,
ये भी ज़रूरी नहीं
के तुमसे बेइन्तेहाँ प्यार हम ही करें ,
थोड़ा सा ही प्यार ,
मगर कभी तुम भी तो करो।

♥♥♥

क्यों हर बार मुझे ही
उसकी फ़िक्र होती है ,
कभी उसे भी तो हो ,
क्यों हर बार मैं ही
उसका इंतज़ार करता हूँ ,
कभी वो भी तो करे ,
क्यों हर बार मैं ही अधूरा रहूं ,
कभी वो भी तो रहे ,
क्यों हर बार मैं ही उसको प्यार करूँ ,
कभी चाहे थोड़ा ही सही ,
लेकिन प्यार वो भी तो करे।

♥♥♥

वादा किया था मैंने
कि साथ निभाउंगा ,
वादा किया था मैंने
कि ज़िंदगी भर निभाउंगा ,
वादा किया था मैंने
कि तेरे सिवा कोई न होगा ,
जो मैंने किया वो वादा पूरा था ,
बस तेरा ही वादा रहा ,
जो अधूरा था।

♥♥♥

कभी तुम्हारे दिल-ओ-दिमाग पर था
राज हमारा ,
और आज ,
एक नज़र हमें देखना भी
तुम्हें नहीं गवारा।

♥♥♥

एक अरसा हुआ
उनका ढंग से बात किये हमसे ,
शायद उनकी ज़िन्दगी अब पूरी है ,
अपना तो सोच लिया उन्होंने ,
पर मेरा क्या ,
मेरी ज़िन्दगी तो आज भी अधूरी है।

न कोई ग़म ,
न शिकवा ,
न शिकायत करेंगे हम ,
बस चुप चाप चले जायेंगे ,
ज़बरदस्ती तेरी ज़िन्दगी में
अब और न रहेंगे हम।

हमसफ़र ने सफर में ही
साथ छोड़ दिया ,
और हद की बात तो देखो ,
मंज़िल का पता भी न बताया।

♥♥♥

हक़ कुछ यूँ अदा किया
उसने मेरी मोहब्बत का ,
जाते वक़्त पलट कर भी न देखा ,
जिस चेहरे को आँखों में
बसाया था उस ने ,
उस चेहरे को एक नज़र भी न देखा।

♥♥♥

अब उन्हें हमारी याद नहीं आती ,

शायद ,

हमसे अज़ीज़ उन्हें कोई और मिल गया।

वक़्त बेवक़्त
याद किया करते थे वो हमें ,
पर अब उन्हें हम याद भी नहीं ,
हमारे लिए जो जीने मरने का सवाल है ,
उनके लिए वो बात खास भी नहीं।

जब तुझे ज़रूरत थी ,
हर उस पल मैं तेरे साथ रहा ,
जब मुझे तेरी ज़रूरत थी ,
उस पल तू न मेरे पास रहा ,
शायद ,
अब मैं न तेरे लिए खास रहा।

♥♥♥

क्या बताऊँ कितना तन्हा हूँ मैं
तेरे बिना ,
मेरी तन्हाई का हाल
उस तकिये से पूछना ,
जिसने मेरी आँखों से
गिरते आंसू हैं गिने।

यूँ कभी किसी को
अपना बनाया न करो ,
जब नज़रंदाज़ ही करना हो तो ,
नज़रों में बसाया न करो ,
हाल पूछ कर
क्यों दिलासा देते हो दोस्त ,
जब रुलाना ही होता है बाद में ,
तो पहले हंसाया न करो ,
यूँ किसी को अपना बनाया न करो।

उनकी कहानियों में
मैं अनजान हो गया ,
कभी जिनके हर किस्से में
मैं शुमार होता था ,
किताब से उनकी ,
किसी फ़टे पन्ने सा गुमनाम हो गया ,
कभी जिन पर इश्क़-ए-इज़हार ,
अल्फ़ाज़ों में बयान होता था।

♥♥♥

लफ़्ज़ों से दिए ज़ख़्म
अक्सर बहुत बुरे होते हैं ,
तो बोलना ज़रा सोच के ,
कुछ रिश्ते ज़िन्दगी के लिए होते हैं ,
ऐसे रिश्ते तोड़ना ज़रा सोच के ,
दिल दुखाना न ,
दूरियां बढ़ाना न ,
चले गए जो एक बार हम
तुम्हारी ज़िन्दगी से ,
तो न आएंगे फिर लौट के ,
न आएंगे फिर लौट के।

♥♥♥

हज़ार ग़लतियां की उन्होनें ,
फिर भी हमने शिकायत न की ,
एक गलती क्या कर दी हमने ,
उन्होंने जताने में एक पल भी देर न की ,
शायद यही फर्क था ,
हमारी की मोहब्बत और
उनके किये दिखावे में ,
ऐसा सिला दिया मेरे इश्क़ का
उस हसीन कातिल ने ,
खंजर घोंपा भी पीठ में ,
और मेरी जान भी न ली।

♥♥♥

दिल मेरा तोड़ कर अच्छा न किया ,
हमसे मुँह मोड़ कर अच्छा न किया ,
पर मैं तुमसा नहीं ,
जा हम तुझे दुआ देते हैं ,
तू खुश रहे अपनी ज़िन्दगी में ,
कहीं बदुआ दे दी तो बर्बाद हो जाओगे ,
फिर तुम हमसे कहोगे ,
कि तुमने ये अच्छा न किया।

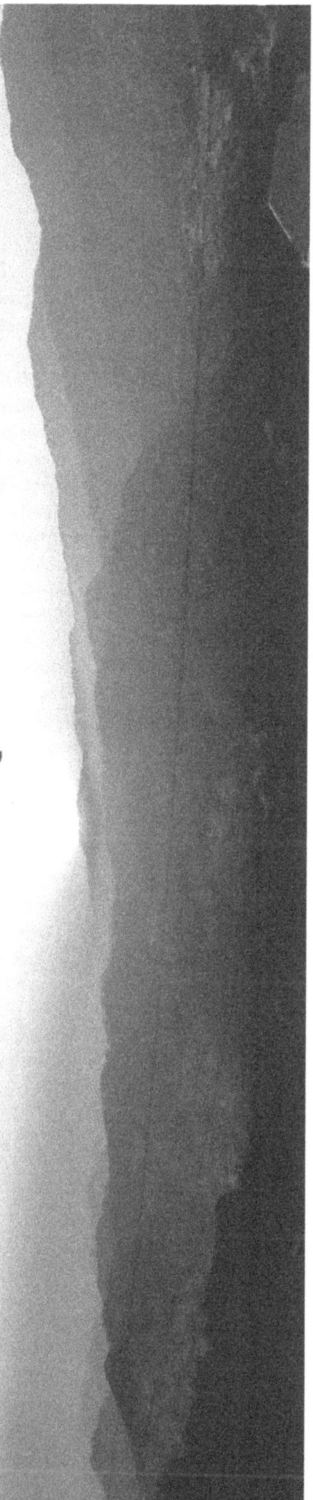

.....???

फिर ज़िन्दगी खाली और सवालों में उलझ जाती है। यहाँ आपसी समझ की जरुरत होती है ताकि जो रिश्ता इतने प्यार से बना था वो इस तरह बिखर न जाए।

इस वक़्त ज़िन्दगी में क्या चल रहा है कुछ समझ नहीं आता। दिल खुद को कोसने लगता है कि प्यार क्यों किया। ज़िन्दगी बेरंग हो जाती है। मन खुद में ही कहीं गुम रहता है। उसके बिना दिल नहीं लगता। दिल इतना बेचैन हो जाता है कि कुछ भी करने को तैयार हो जाता है।

यूँ तोड़ा है दिल मेरा तुमने ,
मैं याद रखूँगा ,
यूँ तो तुम भी भूल न पाओगी मुझे ,
अरे , मैं तो वो हूँ ,
खुशबू बनके महकता हूँ हवा में ,
ख़ुद को सांस लेने से रोक
पाओगी कैसे।

♥♥♥

कभी तेरे लिए ख़ास थे ,
आज अनजान हो गए ,
इस कदर भुला दिया तुमने मुझे ,
कि तेरी सोच में भी गुमनाम हो गए।

♥♥♥

जा रही हो मुझे छोड़ कर ,
बहुत पछताओगी तुम ,
जब आएगी याद मेरी ,
आँखों से आंसू रोक न पाओगी तुम ,
तुम्हें थी मेरी जरुरत ,
हर पल तेरे साथ रहा ,
ये याद रखना ,
जितना करीब मैं था तेरे ,
उतना करीब अपने ,
किसी और को न पाओगी तुम।

♥♥♥

ये कैसी तेरी बेरुखी ,
हमें अपना बना के छोड़ दिया ,
दिल से दिल मिलाकर ,
ख़ुद ही इस दिल को तोड़ दिया ,
लेकिन फिर भी हम तेरा ख़्याल करते हैं ,
दुनिया के सामने आंसू बहाने से डरते हैं ,
कि कहीं कोई ये न पूछ ले हमसे ,
कि वो कौन है जिसने तुम्हें ये ग़म दिया ,
तुम्हारे इस हंसते चेहरे पर
ये ग़मों का सैलाब छोड़ दिया ।

♥♥♥

अपना बनाया था जिन्होंने
वक़्त लगा कर ,
बेगाना कर दिया एक पल में ,
दिल में बसाई थी जो बस्ती
मोहब्बत की ,
उसे वीराना कर दिया एक पल में।

ज़िन्दगी गुज़र जाएगी लम्हा लम्हा ,
यादें भी बिखर जाएंगी तन्हा तन्हा ,
वक़्त बहुत कुछ सिखा देता है ,
जीना सीख लेना मेरे बिना ,
मैं भी जीना सीख लूंगा तेरे बिना ,
हो कर बिरहा।

♥♥♥

वक़्त ने मजबूर कर दिया ,
वरना हम में ये दम न था ,
तुम भी कैसे जुदा हो गए मुझसे ,
सितम तेरा ये भी कम न था।

♥♥♥

बस क्या यही तेरा अपनापन था ,
पल भर का भी वक़्त न लगाया
ग़ैर बनाने में।

♥♥♥

अक्सर मैं और मेरी तन्हाई
ये बातें करते हैं ,
क्यों हम किसी का ऐतबार करते हैं ,
क्यों हम किसी के लिए
जां निसार करते हैं ,
क्यों हम किसी से इतना
प्यार करते हैं ,
क्यों हम उनके जाने के बाद भी ,
आज भी उनका इंतज़ार करते हैं।

♥♥♥

हसरत मेरी भी थी
किसी को अपना बनाने की ,
चाहत मेरी भी थी
किसी से दिल लगाने की ,
बस कुछ मुक्कदर ही ऐसा था ,
कि हम आज भी अकेले हैं ,
नहीं तो हमने भी की थी कोशिश ,
किसी को अपनी ज़िन्दगी बनाने की।

♥♥♥

तन्हाई का आलम तो ये है जनाब ,
के हँसते हँसते मैं रो देता हूँ ,
न जाने किस ज़िन्दगी की तलाश में ,
मैं अक्सर ख़ुद को खो देता हूँ।

♥♥♥

ख़ुद को तुझसे अंजान रखता हूँ ,
जब ज़िक्र हो तेरा ,
कोई पूछे मुझसे ,
मैं न कुछ बयान करता हूँ ,
भुला चुका हूँ तुम्हें पूरी तरह ,
कहीं फिर से ज़िंदा न हो पुरानी यादें ,
इसलिए
मैं अब तुमसे बात नहीं करता हूँ।

♥♥♥

साल के सारे दिन बीत गए ,
पर उन्हें मेरी याद न आयी ,
मेरी ज़िन्दगी से उनके जाने के बाद ,
मेरे लिए कभी कोई
ख़ुशी की शाम न आयी।

गुलाब सी थी तब ज़िन्दगी ,
जब कोई एक गुलाब दे कर
बर्बाद कर गया ,
ज़िन्दगी भर का वादा करके ,
कुछ पल में ही साथ छोड़ गया।

तुम कितनी भी अच्छाई कर लो ,
बदले में बुराई ही मिलती है ,
कितनी भी कर लो वफ़ा ,
बदले में बेवफाई ही मिलती है ,
कितनी भी खुशियां भर दो
किसी की ज़िन्दगी में ,
बदले में तुमको सिर्फ
तन्हाई ही मिलती है।

♥♥♥

जिस बात से डरते थे ,
आज वही बात हो गयी ,
मेरी ज़िन्दगी से तुम
न जाने कहाँ गुम हो गयी ,
तुम्हारा तो पता नहीं मुझे ,
पर तेरे बिन मेरी ज़िन्दगी तो जैसे ,
बिन मंज़िल का मुसाफिर हो गयी।

♥♥♥

तन्हा ज़िन्दगी ,
तन्हा ये दिल ,
जाए भी कहां
और क्यों ,
तन्हा ये रास्ते
और तन्हा मंज़िल।

♥♥♥

मुझे तुझ पर ऐतबार आज भी है ,
दिल को तुझसे प्यार आज भी है ,
आ जाये तू एक बार फिर ज़िन्दगी में,
'रोहित' को तेरा इंतज़ार आज भी है।

हसरत है मेरी
तुझे फिर से पाने की ,
तुझे देख कर
एक बार फिर मुस्कुराने की ,
तन्हा हो गया ये दिल तेरे बिना ,
कैसी ये मिली सजा इसे ,
तुझसे दिल लगाने की।

♥♥♥

मेरा हर लम्हा मुझसे सवाल करता है ,
क्यों तू उसे आज भी याद करता है ,
जिसे तेरा ख़्याल नहीं एक पल भी ,
क्यों तू उसे आज भी
उतना ही प्यार करता है।

आज भी मिल जाते हैं राहों में ,
पर मिलने में अब वो बात न रही ,
रुक जाते हैं एक-दूजे को देख के ,
पर रुक कर ताकने में अब
वो बात न रही ,
देखकर अब भी मुस्कुराते हैं ,
पर मुस्कुराने में अब वो बात न रही ,
मेरे मुस्कुराते ही नज़र झुक गयी उसकी,
पर नज़रें झुकाने में अब वो बात न रही ,
दिल आज भी बेकरार है,
पर बेकरारी में अब वो बात न रही ,
प्यार तो हम आज भी करते हैं उनसे ,
प्यार तो वो भी करते हैं हमसे ,
पर उनके प्यार करने में ,
अब वो बात न रही ,
अब वो बात न रही।

जो गिले शिक़वे हैं भुला दिया करो ,
जब आएं सामने तो
कम से कम ,
नज़रें तो मिला लिया करो।

♥♥♥

हर बार ऐसा क्यों होता है ,
जो पाता है दिल मुश्किल से ,
उसे आसानी से क्यों खोता है ,
काश मिल जाये तेरा प्यार
फिर से इस ज़िन्दगी में ,
अक्सर यही सोचकर
ये दिल रोता है।

हम आए महफ़िल में ,
ख़बर ये सारे जहां को हो गयी ,
पर तुम्हें न मिली ,
हर ख़ुशी मिली मुझे ज़िन्दगी की ,
बस एक तू ही न मिली।

♥♥♥

तेरे बिना मैं कुछ नहीं ,
मेरी हर ख़ुशी तुझसे थी ,
हंस कर क्या करूँ ,
जब तू ही साथ नहीं ,
मेरी ज़िन्दगी तो तुझसे थी ,
अब जी कर क्या करूँ ,
जब तू ही साथ नहीं।

छोड़ कर तुम मुझे गए कहाँ ,
एक छोटी सी ग़लती की ,
इतनी बड़ी सज़ा होती है क्या ,
बेइन्तेहाँ मोहब्बत की थी तुमसे ,
तुमको दिल दिया था अपना ,
लेकिन दे कर ये दर्द-ए-दिल मुझे ,
चले गए तुम कहाँ।

न जाने मन में कैसी उदासी है ,
कितनी भी कर लूँ कोशिश
ये नहीं जाती है ,
ख़ुशी का कोई बहाना नहीं मिलता ,
और न ही अब किसी चुटकुले पर
हंसी आती है ,
बहुत बेचैनी है मन में ,
हर पल मुझे तेरी जुदाई तड़पाती है।

मैंने तुझे चाहा इस कदर ,

ख़ुद को भुला डाला इस कदर ,

कहाँ गयी तू मुझे छोड़ कर ,

हाल मेरा ऐसा हुआ ,

कि तुझे ढूंढने के लिए फिरता हूँ

मैं दर-बदर।

कैसा ये दर्द-ए-इश्क़ था ,
मेरी हर ख़ुशी ने मुझसे मुंह मोड़ लिया ,
ऐसे अँधेरे में धकेल दिया मुझे ,
कि मेरी परछाई ने भी
मेरा साथ छोड़ दिया।

गुलाब की तरह अब वो प्यार भी मुरझा गया ,
जो हमें उनसे मिला था ,
हम आज भी याद करते हैं उन्हें ,
कैसे भूल जाये ,
इस बेसहारा दिल को सहारा
देने वाला कोई मिला था ,
बेशक आज वो साथ नहीं ,
बेशक हम उन्हें याद नहीं ,
फिर भी हम उनसे प्यार करते हैं ,
क्यूंकि चाहे कुछ पल के लिए ही ,
कोई 'रोहित' का साथ देने वाला मिला था।

ज़िन्दगी जीना तो एक
मुसीबत सी हो गयी ,
जब से हमें तन्हाईओं में
रहने की आदत सी हो गयी।

दिल लगाकर कुछ हासिल
नहीं हुआ मुझे ,
ख़ुद से ही टूट चूका हूँ ,
अब तो बस इन साँसों पर तरस
करते हैं ,
जो जी रहे हैं।

♥♥♥

इस दिल पर ज़ख़्म कितने हैं ,

हंसती आँखों के पीछे आंसू कितने हैं ,

यूँ तो सब कहते हैं

खुश मिज़ाज़ हूँ मैं ,

पर ये सिर्फ जानता हूँ मैं ,

कि मुस्कुराते चेहरे के पीछे

ग़म कितने हैं।

♥♥♥

काबू किये हैं जज़्बात कुछ इस तरह ,
आसानी से न बयान करता हूँ ,
रोक रखा है आंसुओं को ,
रोने के लिए बरसात का
इंतज़ार करता हूँ।

♥♥♥

बारिश की बूंदों से बह गए ,
छाये जब ग़म के बादल ,
मेरी अखियों के आंसू ,
मेरे दिल का हाल कह गए।

तुमने तो बहुत आसानी से
कह दिया के आप मुस्कुराते नहीं ,
अब क्या बताएं आपको जनाब
कितना तन्हा है ये दिल ,
मुस्कुराने के लिए इसके पास
कोई वजह नहीं।

मासूम तेरे चेहरे ने धोखा दे दिया ,
असलियत तेरे दिल की
हम समझे ही नहीं ,
तू खेल रही थी खेल ,
हम प्यार समझ बैठे ,
अरे तेरी ये फितरत को
हम समझे ही नहीं।

अब नहीं हम किसी को
हंस के बुलाते हैं ,
न ही अब किसी से नज़रें मिलाते हैं ,
हश्र कुछ ऐसा कर दिया तुमने ,
के अब न हम किसी से दिल लगाते हैं।

♥♥♥

उस तकिये का भी दम घुट गया ,
तुझे महसूस करके जिसे
गले लगाया था ,
उसी तकिये को आंसुओं ने
गीला भी किया ,
जो एक एक आंसू
तेरी बेवफाई के ग़म में आया था।

♥♥♥

बूँद बूँद कर तेरी मोहब्बत का
आखिरी कतरा भी
इन आँखों से बह गया ,
साथ ही तेरी बेवफाई के
किस्से भी ये कह गया ,
जो की थी तुमने प्यार की सौदेबाज़ी ,
अरे उसमें भी तुम जीत न सकी ,
मुझे हारकर इस सौदे में
तुम्हारा सबसे बड़ा नुक्सान हो गया।

♥♥♥

कितनी भी कोशिश कर लो तुम ,
लेकिन मुझे न भूल पाओगी ,
हर पल हर घड़ी तुम्हें
बस मेरी याद सताएगी ,
अच्छा सिला नहीं दिया
तुमने मेरी मोहब्बत का ,
छोड़ दिया मुझे तन्हा रोने के लिए ,
गौर से सुनना
अपने ख़ामोश पलों में तुम ,
तुम्हें मेरी सिसकियों की
आवाज़ आएगी।

♥♥♥

जब किस्मत में लिखा ही
था बिछड़ना,
उसके बिना जीना भी क्या ,
मुझे अब है मरना ,
एक वो ही तो थी मेरे जीने की वजह,
उस से ही तो किया था प्यार ,
अब मुझे किसी और से नहीं
है करना।

♥♥♥

बहुत तोड़ दिया मुझे तेरी जुदाई ने ,
तेरा प्यार भी एक सज़ा गुज़रा ,
अगर ऐसी होती है सज़ा
इश्क़-ए-मोहब्बत की ,
तो हमें इस जन्म में
फिर से प्यार नहीं करना ,
तुम हमें फिर से प्यार नहीं करना।

♥♥♥

धीरे धीरे तूने बदल लिया अपना हर अंदाज़ था ,
जरुरत के हिसाब से तूने मेरा इस्तेमाल किया ,
न जाने किस बात का बदला लिया ,
तूने मेरे साथ ऐसा क्यों किया ,
पहली बार माना था किसी को दिल से अपना ,
वही दिल तोड़ गया ,
इश्क़ तूने ये क्या किया ,
अब यकीन नहीं हमें ये प्यार इश्क़ मोहब्बत का ,
किसी का भी अब ऐतबार नहीं करना ,
ऐ बेवफा ,
अब तुम हमें प्यार नहीं करना ,
अब हमें फिर से प्यार नहीं करना।

♥♥♥

मुलाकात वो हसीन थी ,
जो उस से हो गयी थी ,
वक़्त भी लाजवाब था ,
जो उसका साथ था ,
किया हमने करार था ,
कैसा वो हमारा प्यार था ,
मेरा उम्र भर का वादा था ,
उसने मुझसे जो किया वो आधा था ,
उसने मुझे छोड़ दिया ,
दिल को मेरे बड़े प्यार से तोड़ दिया ,
हमने भी फिर उसे अलविदा कह दिया ,
उसके बाद फिर हमनें प्यार करना ही छोड़ दिया।

♥♥♥

www.ingramcontent.com/pod-product-compliance
Lightning Source LLC
LaVergne TN
LVHW051356061026
849535LV00009B/3223
* 9 7 8 1 6 3 9 2 0 5 5 9 2 *